청어詩人選 511

딱
풀

조
홍
래

시
집

청어

딱풀

조홍래 시집

시인의 말

갈무리

끝은 도착이 아니다
존재가 부재와 맞닿으며
스스로의 경계를 시험해야 한다

경험에서 흘러나온 부족함이
완결을 가장하지만
결국 미완으로 남아
또 다른 시간을 불러낸다

공허와 불안은
흐르지 못한 강물처럼 어딘가에 멈추고
멈춤 한가운데서
끝이 아니라 새로운 열림을 본다

그 사이에는 이미 스며든 환상이 있어
나를 바라보고
나는 그 시선을 인식하는 순간
누구인지 어디에 서 있는지
다시 묻지 않을 수 없다

차례

5 시인의말_갈무리

1부 비 갠 다음 날

12 끝나지 않은 설레임
14 마카롱
15 우편함
16 은하수 저편
18 딱풀
20 비 갠 다음 날
22 그네
24 마술사
26 빨간펜
27 라일락 향
28 헤어진 적 없는 현실
30 와인
32 빈 버스만 지나간다
33 네잎클로버
34 말간 햇살
35 양동이
36 원고지
37 인형극
38 가을 허수아비

2부 저릿한 그리움을 입는다

- 40 저릿한 그리움을 입는다
- 42 옷장 1
- 44 옷장 2
- 46 리어카
- 47 구두의 불빛
- 48 사마귀
- 49 자장암 금와보살
- 50 푸른 흔적
- 52 빛보다 먼저 오는 어둠
- 54 서울역 개찰구
- 55 솟음
- 56 구겨진 하루
- 57 물레 위의 곡예사
- 58 붉은 반점
- 60 낮은 곳의 별

3부 여백

62 여백
64 나사못
65 잔향
66 세월의 무게
68 들풀
69 개복치
70 안경
71 시계추
72 무화과
73 비둘기 집
74 언양성당
75 소풍
76 대곡역에서

4부 귀로

- 80 진관사
- 82 할미꽃
- 83 아카시아 꽃눈
- 84 쌍계사 화등
- 85 아담과 이브
- 86 황조가
- 87 삶의 의미
- 88 금강의 노을
- 89 에티오피아 커피
- 90 생강나무꽃
- 91 고물상
- 92 보름달
- 93 중앙선
- 94 꿈을 꾸고 있습니다
- 95 가을여인
- 96 마음은 당신입니다
- 98 봄바람 향이
- 99 모래성
- 100 동백꽃
- 101 보고 싶네그려

5부 고향

104 집이 집을 지키고 있다
106 찾아오지 않는 이유가 있다
108 고향 강원도
110 붓꽃
111 낯선 침입자
112 아버지와 바다
114 공생
115 두더지
116 콜로세움
118 들개
119 된장
120 백로의 기로

발문 _이영철(소설가 · 한국소설가협회 부이사장 역임)
124   붙잡히지 않는 생의 접착면

1부 비 갠 다음 날

끝나지 않은 설레임

촘촘히 꺾인 전철역 계단
하루를 접어둔 책장처럼
삐걱이는 발걸음에 피로가 번진다

속눈썹 끝마다 저녁 불빛이 매달리고
지친 어깨들 사이 거울 속 눈빛을 다듬는
한 여인이 있다

흔들리는 전철 안
파도에 잠긴 노을처럼 잊고 지난 가슴 언저리
분꽃 한 송이 번져 오른다

설렘을 수놓던 밤
꿩의 날개에 무지개를 얹듯
가장 화려했던 날들

"어디쯤이야?"
전화벨이 파문처럼 번지고
그녀의 얼굴엔 잘 익은 홍시 빛이 물든다

빈 좌석에 앉을 것만 같은 착각

창밖 기적 소리에 고개를 내민다

산들거리는 철길 위
그녀의 머리카락에 바람이 분다

마카롱

비 오는 날이면
괜히 가게 앞을 서성이는 남자가 있다
나는 그의 눈길이 오래 머물 수 있도록
창문 너머 줄 맞춰 서 있다

그가 말을 꺼낼 때마다 조용히
진열장엔 잊혔던 온기가 내려앉는다
입꼬리를 살짝 올리며 마치 나를 열어보려는 듯
장난기 어린 미소년 같은 미소가 옷깃을 스친다

어느 날 다가와 부서지지 않게
마음의 포장을 풀던 날
그는 말없이 테이블에서 커피잔만 닦았다
하나 둘 내 옆자리가 비워질 때마다 그의 손길이
내 뺨에 닿아 있는 것 같다

달콤함이 다 녹아 없어진다면
나의 하루도 그대 빈칸으로 진열되겠지

아침부터 비가 세차게 두드린다
서성이는 그 남자가 다가오겠지

우편함

너 떠난 뒤 입을 꼭 다문 채
한 번도 속내를 보여주지 않은 우편함

가끔 열어보며 광고지 틈 사이
네가 흘린 말 한마디쯤 숨어 있지 않을까
손끝으로 눌러보곤 했다

먼지만 차곡차곡 쌓이고 바스락거리는 전단지들
읽히지 못한 마음처럼 무게를 잃고 흩어진다

몇 번이고 썼다 지운 안부 한 줄
이젠 돌아올 곳도 없이 허공에 남는다

우편함 아래 쭈그려 앉아 있던
내 체온이 쏟아진 채

아직 식지 않은 시멘트 바닥 위로
저녁 그림자가 길게 드리워지고
그 자리에 작은 눌림 하나 남는다

은하수 저편

은하수 저편 저마다의 사연이 묻혀 있다면
감춰진 온전한 사랑 하나쯤은
지금도 눈부시게 깜빡이고 있겠지

오작교 아래 이루지 못한 부적을 쥔 채
끝내 마주하지 못하고 바라보기만 했다

사랑은, 엇갈린 궤도를 번갈아 도는
서툰 별들의 자전축 같았다
기울어진 별의 뒷면을 보아야만 했다

혼이 떠난 무덤가 누렇게 마주 앉은 세월만이
말 없는 그리움을 더듬고 있었고

돌아갈 수 없는 거리 별들은 하나 둘 스러지며
사랑의 조각들이 낙엽처럼 길 위에 쌓여만 갔다

당신의 눈빛은 아직 빛나는데
바람조차 멎은 저 하늘은
제 어둠 속에서 천천히 흔들리고 있다

돌 틈마다 지워지지 않는
질운(疾運)이 배인 첨성대 망루(望樓) 위로
별똥별 하나가 고요히 떨어진다

딱풀

그녀는 어디서든 딱 달라붙어 있었다
운명처럼 떨어질 수 없는 마주침이었으니까

그날 밤 그녀는 단풍나무 아래
오래 말라 있던 나뭇잎처럼 굳어 있었다
당신의 손끝이 입술처럼 닿는 순간
그녀는 천천히 녹아내리기 시작했다

하얗고 부드러운 속살이 숨결처럼 펼쳐졌고
그 위에 그녀의 온기로 가득 채웠다 상처 같았던 결
어긋나 접히지 못했던 마음의 자리마다 그녀가 닿았다

말없이 소리 없이 표면 아래로 더 깊숙이 스며들었다
서로 몸이 겹쳐지는 일이 아니었다
잊고 싶던 자국을 덮고, 감싸고, 지우는 일이었다
한 겹의 사랑으로 다시 살아나는 의식이었다

떨리는 손 맞물리는 숨결 서로의 체온이 안아주던 밤
틈 하나 없는 하나의 형태가 되어 있었다

붙는다는 건 누가 누구를 품는지가 아니라

서로의 상처를 흔적 없이 봉합하는 일이다

첫날 밤 그렇게 달라붙은 채 굳어 있었다
어젯밤의 흔적이 완전하게 남아
찢기기 전 모습으로 우리는 되살아났다

비 갠 다음 날

그간 잘 지내셨는지요
문턱에 걸린 안부

목 끝에서 자꾸 부서집니다

창밖엔 햇살이 길게 드리웠지만
가게 안은 아직 어둡네요

노란 장미가 피었다고
가슴 속 얼음까지 녹진 않더군요
겉만 스치는 따뜻함일 뿐

기다림도 텅 빈 잔처럼 허전함을 비워두고
잊은 척 하루를 따릅니다

당신이 스며든 마음의 액정은 꺼내지도 못하고
햇살 속에 조용히 묵혀갑니다

그리움은 송곳처럼
심장보다 더 깊은 층위에 파고들어
안쪽 방 하나에 눌러앉습니다

현실이라는 투명한 무게
그 너머로 당신의 안부 하나 겨우 비춰봅니다

그네

내가 너를 만났을 때 경포 앞 바다는
늦가을의 거친 파도를 품고 있었지, 마치
붉은 노을이 내 팔을 끌어당기듯

사람들 눈빛 사이
너는 웃음을 남기고 떠났지
폭풍우가 몰아치는 날이면 당신을 부릅니다

매여있는 채 누군가를 기다린다는 건
붉은 노을보다 더 지독한 시간 끝에 매달리는 일

당신이 내 곁에 있어 말없이 흔들리던 날들
이제 그대 없는 침묵 속에서 내 마음은
저물어 가는 기다림만 남았습니다

방파제 위로 기억은
갈라진 나무껍질처럼 벗겨지고
헐어진 추억은 곳곳에
나지막한 검붉은 상처로 스며듭니다
파도가 치면 나는 다시 당신을 부릅니다

가만히 옆에 앉아 있어 달라고
흔들리는 마음을 달래듯 그네 하나 오늘도
붉은 노을 속으로 스러집니다

마술사

누군가를 향해 가을 들녘에
깃발을 흔드는 열정이 남아 있다면
봄날은 온다

모자를 벗어 푸른 하늘에 걸어 두자
객석의 숨이 멎는다

빈손을 흔들어 사라진 새 떼를 불러내고
허공에 던진 꽃이 핀다 사라짐보다 다시 나타남을
나는 오래 바라보았다

차곡차곡 쌓였다 흩어지는
눈빛 속 숨은 별들
잡지 못한 마음의 흔적이

저녁 골목은 스산한 바람보다
그들이 먼저 스치고
낡은 벽시계를 떼어내려는 손끝보다
남겨진 고요가 더 무겁다
피지 못한 날개는 하늘 가장자리에 걸려 흔들린다

나는 허공만 쫓는다
가을 들녘의 마술사처럼 참새를 흩어 보내며
빈 모자 속에는 바람 소리만 남는다

빨간펜

립스틱 중독이래요
매일 붉은 문장을 적어요

삼킨 말들이
피처럼 번져
립스틱을 꺼내면
붉은 비밀이 하나씩
눌러앉아요

입술은
지워지지 않는 일기거든요

라일락 향

나를 부르던 목소리에 햇살이 살짝 스며들면
무심히 웃던 얼굴이 떠오른다

창문 너머 다가오던 어둠보다 더 깊은 곳
방 안 구석에 앉아 있는 나를 본다

이름을 부를 때마다 잊은 줄 알았던 장면들이
바스락거리며 되살아난다

어느 날 문득 라일락 향이 나는
정독도서관 골목을 지나면
나도 모르게 고개를 돌린다

아직도 넘기지 못한 책장 사이에
나를 부르는 이름 때문에

헤어진 적 없는 현실

분명 등을 돌려 보고 있었는데
내 눈동자에서 네가 걸어 나오고 있다
잊으려는 기억의 가장자리에서 꼬리를 흔든다

너를 끊어 내려다 나를 다시 꿰매버렸다
세상이 내 안을 비틀어 접힌 마음을 묶어둔다
우리의 만남은 헤어진 적 없는 이별의 반복
몸만 따로 걸었던 냄새가 짙게 난다

아직도 당신의 표면을 맴돈다
언젠가 반대편으로 가서 닿을 수 있을까
내 안의 푸름이 바닷속 해초처럼 꿈틀거린다

처음 걷는 길처럼 뾰족하게 새겨진 돌담
기대선 그림자가 너를 닮았다
말 한마디 건네지 않은 채 가장 먼저
아픔은 불쑥 걸어 나온다
지금도 너를 겪는 중이라면 마음의 착각일까

나의 뒷모습이 시간보다 먼저 다가온다
다듬어지지 않는 비포장도로를

덜컹거리며 달려가는 기분

기다림에 용납되지 않는 엇갈린 만남이다
갇힌 회로 속 기억을 더듬어
세상 밖으로 나를 풀어주려 한다

와인

처음엔 낯설고 조금은 서늘했다

그녀를 바라보는 일은
햇빛 속에 가라앉은 밤송이를
하나씩 따는 일처럼 조심스러웠다

침묵이 많은 사람
잔을 기울이듯 고개를 숙이면 그 속에서
한 모금의 이야기가 흘러나왔다

눈빛은 어두운 지하 창고처럼
깊고 오래된 오크통들이 잠들어 있었고
가끔은 진한 향기보다 더 강한 쓸쓸함이 먼저 닿았다

나는 더 천천히 그녀의 입술을 찾아 들어갔다
쉽게 웃지 않았다 다가오지도 않았다
늦가을에 포도송이처럼
아주 천천히 익어가는 사람이었다

어느 날 문득 모든 것이 무너질 만큼 달콤한 사람
내게 남겨진 한 모금의 향기는

시간이 흐를수록 선명해졌고 짜릿한
그녀의 향기였다

빈 버스만 지나간다

비는 그치지 않고
너도 끝내 타지 않은

바람에 꺾인 우산은 남겨진 감정의 궤적을 더듬고
뚝 길 사이엔 이름 없는 갈대숲이 하나 둘
기억을 깨운다

언제부터였을까
너와 함께 걷던 자리에 뒤돌아선 모습
물웅덩이에 번지고

오지 않을 것을 알면서도 말없이 사라진 발자국 위로
지나온 무게만 겹겹이 쌓인다

지나가는 차창마다 행여 네가 앉아 있을까
눈을 떼지 못하고 돌아올 것만 같은

끝내 타지 않은 빈 버스만
가을 들녘 끝을 바라본다

네잎클로버

희망에 더 많은 것을 덧댄 탓일까
욕심이 붙은 모양 다섯 개 나왔다

샴쌍둥이 녀석 이리 흔들 저리 흔들
들녘 바람에 춤바람 난 듯

거친 숨 몰아쉬며 푹 떨군 몸에서
동떨어진 머리 하나 무게에 지친 어머니 같으니
기대를 이기지 못한 누군가의 모습처럼

가물가물한 추억 그날이 그립네
말리지 못한 계절처럼 모든 것이 지나갔다
가슴 한쪽에 묶어둔 약속

풀이 꺾인 채 아릿한 그리움
햇살 아래 흔들린다

말간 햇살

한겨울 얼음장 위로 비단결처럼 스며드는
스산한 바람을 막아주는 정갈한 미소

말없이 다가와 말없이 머물고 말없이 안아주는
식탁 끝에 놓인 따뜻한 찻잔처럼 손끝으로 스미는 온기로
그리움의 냉기를 천천히 덥힌다

마음 틈마다 찬바람이 머문 자리 연둣빛 새순처럼
가슴 한편에 남은 아린 기억 말간 봄을 피워내고

세상 모든 바람은 당신 쪽으로 기울어
당신이란 이름으로 비어 있던 나를 채운다

소리 없이 깊게 오래도록 머물고 싶은 은은한 빛
아직 열리지 않은 그대라는 햇살
남겨진 잔향

양동이

쌓였던 꿈들이 눌어붙어
쉽게 떨어지지 않습니다

꺼내지 못한 날들은 먼지처럼 겹겹이 쌓였고
지나온 시간은 삶의 옆구리에 작은 금을 냈습니다

바람 부는 날엔 주춤거리고
비 오는 날엔 갈라진 상처로 등을 돌렸습니다
넘어진 자리마다 한 움큼씩 담았던 소망의 조각들은
이제 바닥을 드러내고

물구나무선 채 미래를 바라보던 생각들만
저 밑바닥에서 꿈틀거립니다

한 손이면 충분했던 무게도
이제 두 손으로 들어야 하는 시간들

오늘 더 늦기 전
당신의 눈동자 속에 내가 남아 있는 것

내일 더 텅 비기 전
마지막 내 체온을 당신의 가슴에 남겨두는 것입니다

원고지

너를 채우지 못한 공간
나의 빈방 하나쯤은 비워두어야겠다

굽은 불빛 식어가는 탁자 위
내 몸이 검붉은 잉크로 남겨진 밤들
너의 미묘한 떨림에 밤새 번져가며

입술에 지워진 여인의 이름처럼
미로에서 하나둘 꺼낼 때마다
속살 위로 희미한 등불이 되어 나를 뒤흔든 자국들

살아 있는 기억 외로움에 깜박이는 눈빛
눈밭처럼 펼쳐진 내 몸 위로 한 칸 한 칸
채우지 못한 지난 아픔을 더듬으며
검은 발자국을 내고 싶었지

아직 태어나지 않은 피부 아래로 번지는 온기를 기다리듯
그대 숨결이 내 어깨에 닿을 때
끝내 다 태우지 못한 불씨
내 여백에 천천히 껍질을 벗는다

인형극

낯선 불빛이 이마를 스친다
숨은 돌처럼 무겁게 가라앉아
바닥 없는 강을 건너려 한다

내 어깨 위에는 언제나 다른 손이 걸려 있고
발끝은 누군가의 움직임에 따라 흔들린다

손에 쥔 것들은 붙잡으려 할수록 흩어지는 파도였다
숨결조차 내 것이 아닌 듯 낡은 실들이 몸을 조여온다

심장을 품은 말 못 할 상처는 칼날 아래 잘려 나가
울음도 관중의 소리로만 남았다

허공의 떨림을 감지할 때까지
두 손을 모아 숨죽여 기다린다

꿈속에서는 늘 끊어진 줄에 흔들리고 있다
잡아당기지 않는 푸른 잎 사이로
어제의 환영(幻影)을 벗고 있다

가을 허수아비

네온 불빛이 끊임없이 깜박거리는 거리
인파 속 텅 빈 눈동자
한쪽 팔을 잃은 채 흔들린다 닿는 것은 공허

나를 스치는 시선은 잠시 바람처럼 흘러간다

안개 속으로 번지는
차가운 아스팔트 빛바랜 가로등 아래
사라질 줄 알면서도 손끝의 온기는 기억처럼 남는다

고층 빌딩 사이로 까마귀 울음이
저녁을 물들이고 텅 빈 가을바람만 서리 내린 풀잎 위로
길게 늘어진 잊힌 기억처럼

나는 누군가의 기다림이 되어

2부 저릿한 그리움을 입는다

저릿한 그리움을 입는다

양치 컵에 남은 칫솔 하나
서랍 깊숙이 접혀 있던 회색 니트
모든 것이 당신이 떠난 날 그대로다

아직도 현관 센서 등은 누군가를 기다리듯
바람 소리에도 덜그덕거린다 벽시계 초침은
당신이 나간 시간에 긴 다리 하나 멈춰 섰다

왼쪽으로만 눕던 습관 그 방향엔 이불이 얇아졌다
팔 하나 자른 사람처럼 당신 없는 주방에선 물이 끓지 않고
당신이 좋아하던 커피 향은 봉지째 그대로 굳어있다

냉장고 안 유통기한 지난 요구르트만 제자리에 서 있다
아직도 뭔가를 기다리는 나를 바라보듯 사람은 떠났지만
내 감각은 어디로도 가지 못했다

추억의 여운 남겨진 것들 속에서 시작되었다

그리움은 매일 내 몸이 기억하는 일상의 무게
불 꺼진 방에서 불을 켜는 손끝에 닿는 촉감 같은 것
빈 의자에 자꾸 시선이 가는 것

당신이 입던 셔츠를 꺼내본다
헐렁한 팔 안에 지워지지 않은 온기가 남아있고
나는 그 안에서 살이 저릿한 그리움을 입는다

잘려 나간 감정의 자리에 여전히 당신이 살아있다
당신의 온기는 다림질 자국처럼 셔츠 안에 눌려
단추 하나 말없이 떨고 있다

옷장 1

오래된 옷엔 말없이 안아주던 마음이
전처럼 덧대어져 있다

버리지 못한 날들은
다림질된 채 고요히 접혀 누워있고
옷장 사이로 잊고 있던 온기가 새어 나왔다

몸보다 기억이 먼저 자란 탓에
팔 길이는 짧고 웃음은 많아졌다

한 철의 유행보다 한 사람의 체온이
더 오래 남는다는 걸 바랜 색이 먼저 알려준다
좀약 냄새마저 이젠 아버지의 품처럼 익숙해서
그리움을 꺼낸다

옷장 속 우리는 어느 날의 햇살처럼 또렷했고
팔짱 낀 형의 어깨엔 동생의 웃음이 기대고
롱치마 펄럭이던 엄마 옆엔 아버지의 눈동자가
긴 하루를 품고 있었다

같은 옷을 걸쳐도 다른 사랑이 스며 있는 날들

옷장 문을 열면 그 시절 그때 그 모습으로
다시 한 벌씩 피어난다

옷장 2

아버지는 옷장 속에서도 늘 가장 구석에 있었다

말없이 걸려 있던 낡은 외투
어깨는 벌어지고 색은 바랬지만 여전히 단정했다
팔을 꺾어 넣을 때마다 나는 어쩌면
그 안에 들어가는 기분이었다

비에 젖은 날에도 바람 센 날에도
그 외투는 나보다 먼저 문을 나섰고 돌아올 때면
묵은 냄새와 함께 무언가를 견뎌낸 기운이 묻어 있었다

아버지는 자주 침묵했고 많이 참았고 쉽게 웃지 않았다
그래서 더 아픈 마음이 오래 남는다

숟가락을 든 손 구둣발에 걸쳐진 하루의 무게
혼자 담배를 피우던 마당 끝
나는 가끔 그 자리에 아버지를 꺼내 앉혀본다

불 꺼진 주방에서 문득 물이 끓고 있으면
어디선가 아버지의 기척이 다녀간 것 같다

오래된 기억이 내 마음 안쪽에서
천천히 따뜻하게 식고 있다

리어카

두 바퀴 비틀린 궤도 위에서
삐걱거리는 주인을 싣고 간다

내 몸에는 버리지 못한 세월이 달라붙어 있고
녹슨 살결 틈새로 오래 묵은 울음이 스며든다

멈추고 싶은 마음
계속 굴러야 하는 숙명이 한 몸에 얽혀 있다

사람들은 일만 하는 두 바퀴 인생이라 하지만
낡은 꿈은 저물지 못한 하루를 옮긴다

내가 멈추는 날
그녀의 발걸음도 멈춘다는 것을
덜컥거리며 세상을 조금씩 밀고 나가지만
무거운 현실은 굽은 허리만큼 시침도 휘어
긴 바늘 등에 지고 끌려간다

창가에 스치는 바람 고양이 귀처럼 곤두선 채
밤새 빗소리를 쫓는다

구두의 불빛

하루 끝 마당 한쪽
벗겨진 채 어둠 속에 놓인 나

한 걸음마다 체온이 다시 피어올라
도착하지 못한 내일을 밝힌다

굽이 닳는다는 것은 열정이 꺼진 일이 아니라
잠시 숨을 고르는 일

나는 뒤에서 밀려오는 무게를 견디며
네 발자국을 지켜왔다

버려진 날들 갈라진 굽 사이로
스민 시간들을 들여다보며
너를 향한 사랑이 거친 바람에 흔들리는 불꽃처럼
지독히 타올랐는지 느낀다

잔해조차 삶의 바닥에서
꺼지지 않는 불빛으로 남아 있으리라

사마귀

완전한 삶을 위해 자신을 도려내는 선택일까
사랑의 법칙은 너무나 가혹하다

만약 인간이 사마귀라면 담장을 넘는 발끝마다
날카로운 생의 톱니를 달고 번식을 위해 배회하겠지

푸른 것들 속에 더 푸르게 몸을 감춘 채
살아남는 법만 잔혹하게 배우게 될 것이다

한 생명이 죽어야 한 가족의 생명이 태어난다면
우리는 사마귀보다 더 잔인한 존재일지도 모른다

종착역에서 나는 사마귀의 눈을 마주 보았다
반쯤 사라진 몸에서 푸른 눈물이 뚝뚝 떨어졌다
죽음이란 운명을 이미 감지 했었을 것이다

키운 만큼보다 더 내주어야만 하는
우리의 현실 하루를 으깨며 버텨낸
할아버지, 어머니의 숭고한 시간들

우리는 이미 사마귀로 진화하는 종은 아닐까

자장암 금와보살

동천의 숨을 고르고 있는 통도사 자장암
황금빛 청개구리 만나러 가는 날
바위틈 사이 금와보살 하나가 내려앉는다

내가 건너지 못한 강물은 늘 눈앞에서 부서졌고
돌 구멍에 스며든 범문은 네 귀에만 들리는
내 목탁 소리였다

기다림의 한가운데
서로의 경계마저 잊은 자리
천년을 두드리며 강을 건너고 있다

언제부터였을까
네 허상에 기다림만 있었다
만남은 경전이 되어 바위 위에 내려놓는다

푸른 흔적

오른손 검지 끝
티눈처럼 박힌 굳은살 하나

지워진 입맞춤보다
벗겨진 채 헐거워진
마지막 온기

서둘러 떠난 감정은
쓰라린 뒤꿈치를 헤집으며
걸음마다 통증이 옮겨붙는다

그녀는 몸이 먼저 기억하는 그리움
앉았던 자리마다 사랑의 흔적이 일어난다

때로는 속내를 감춘 듯
하얗게 맑아지기도 하고

말을 참아 삼킨 날엔 미소로 흔들리기도 하며

지우지 못한 생각은
푸른 입술로 진하게 번져 나갔다

가장 아팠던 자리마다
휘몰아치듯 몸부림친다

빛보다 먼저 오는 어둠

좋은 인연은 그늘을 덮어주는 화분 같다네
내가 먼저 썩어 흙이 되어야
너의 마음에도 새순 하나 숨을 틔우지 않겠나

세상은 향기보다 벌레가 먼저 찾아오는 화단 같은 것
온기를 드러낸다는 건 언제나 갉아 먹히는 일이지
나는 단단한 담장이길 원했지만
바람은 담장을 넘고 어느새 흔들고 있었지

되돌아선 발끝에는
미련보다 오래된 그림자가 붙어 있고
어떤 날은 그림자가 날 따라오지 않으면
그조차도 서운해지는 세월일세

거리를 걷다 보면
내 안에 또 다른 나 불안으로 빚어진 나 나를 닮은 나
겹겹이 쌓인 본체들 내 안에서 속삭이는 소리가 들린다

어제 지인 하나 망막 속에 출혈이 흐르고
작은 붉은 강 하나가 세상을 어둡게 잠그었다

누가 견고하게 설 수 있겠는가

눈을 뜨고 있어도 빛이 꺼져가는 느낌
건강 하나가 기적이어야 하는데
붉은 강 위에 떠 있는 내 마음은
물결처럼 흔들린다네

서울역 개찰구

떠난 이들의 뒷모습만 가득한 서울역 햇살은
서로의 어깨를 따뜻하게 어루만지지 못했다

누군가를 떠나보내던
어느 아주머니의 슬픈 눈동자처럼 흐릿하게 바래진
그리움만 남긴 뒷모습

스피커에서 흘러나오는 구성진 옛 노래에
문득 멈춰 선다 모든 것이 그 자리에서
나를 기다리고 있었다

그날도 기차는 저녁을 지나
다음 도시를 향했다

잠시 앉았다가 다시 흩어지는 공간 떠나보내고
또 다른 누군가를 맞이하는 곳

개찰구 아래
나 자신을 과거로 환승하고 있었다

솟음

어둠 속 구석진 자리에서
고개를 내밀어 쳐다봅니다
나도 나를 바라봅니다

거울 앞
어젯밤 헝클어진 생각 끝에
내 머리는 곧게 섰습니다

우물가에서 그녀도
까치집 같은 머리를 비누로 감았거든요
머리가 빳빳하게 서서
하늘로 솟았습니다

나도 감아 보았습니다
향은 땅 아래로
그녀의 가슴으로
그리움이 스며들었습니다

나도 솟았습니다

구겨진 하루

종일 골목을 달렸다
얼어붙은 시간도 비에 젖은 저녁도
묵묵히 함께 걸어왔다

하루 끝 벗겨진 채 구석에 던져졌지만
내일을 위한 쉼이라 믿었다

먼지가 내려앉고 구멍 난 양말마다
스산한 저녁 바람이 스며든다

멈추라 말하지만
걷고 또 걸었던 그 시간들이 삶이었다

한 걸음마다 체온이 살아났고
도착하지 못한 세상이
내일 어딘가에서 나를 기다린다

몸을 펴고 버려지는 날까지
희망을 품은 발걸음을 놓지 않을 뿐

물레 위의 곡예사

그대와 뒤엉킨 감정을 조심스레 짚어보세요
잣나무 숲 깊은 곳 고요가 실처럼 감기던 자리에서

체온을 녹여보세요 양수 같은 따스함이
굳은 마음을 풀어주고 솜털 같은 마음을 자아
감정의 실 뽑아 흩어진 감각이
빛처럼 소멸할 때

물레를 감으면 잊힌 숨결이 돌아오고
한 올씩 매듭이 풀리며 낡은 기억이 숨을 쉽니다
얇은 마음이 끊어지지 않도록
쉼 없이 도는 물레였지

어디서부터 어떻게 풀지
이미 아는 그녀

환영 속에서 흔들리는
마음 위의 흑영(黑影)

붉은 반점

절뚝거리며 날아든 비둘기
얼굴에 붉은 반점처럼 빈 공간을 채우며
날개를 친다

하나 둘 셋
별이 떨어진다
별만큼 세다 잠이 들었다

어머니가 부른다 반짝이는 눈들이 따뜻한 옷깃을 스친다

하나 둘 셋
바다에 별이 떨어졌다
모세의 기적 같은 곳에서
바람이 분다
뱃고동 소리에 아버지의 웃음이 노을에 젖어든다

하나 둘 셋
쏜살같이 달려간다
굶주린 듯 도시를 헤집고 누빈다
마치 절뚝거린 모습이 다가왔다

화양연화(花樣年華)
부르고 있던 친구 이름이 아니던가

낮은 곳의 별

저물녘 들풀은 물기 어린 논두렁
달빛 아래 엷게 번지고
오름이 되지 못한 아스팔트 위로
좁고 마른 틈을 비집고 고개 숙인다

하루의 흔적마다 뜨겁게 지나간 자리에
나의 줄기는 더욱 단단해지고
발끝에 밟히는 묵은 마음 몇 점
둑길 건너 개 짖는 소리마저 멀어질 때
가슴 한편 텅 빈 우물이 찰랑인다

낮은 곳에 산다는 건 싹 틔우는 일이 아니라
견뎌내는 일임을 들녘을 지나며

한숨 같은 별빛 하나
허공에 묻는다

3부 여백

여백

언제부터였을까
시계가 네 웃음에 맞춰 돌아가기 시작한 것은
창밖으로 쏟아지던 햇빛 속에서 늘 먼저
내 자리에 앉아 있었다

손끝에 닿을 듯한 바로 뒤에서
네가 집 밖으로 나갈 때마다 따랐으나
너는 내가 보지 못한 먼 지평을 향해 있었다

매미 소리가
밤하늘 사이로 흩어질 때 네 이름을 부르는 순간
더 멀어지는 것임을

노랗게 지는 잎마다 얼굴이 겹쳤다
낯선 문장처럼 읽다가 끝내 완독하지 못한 채
접어두었다

버스 창가에 김 서림 너머로
희미하게 번지던 옆얼굴
그때조차 침묵 속에 묻혀 있었고
너는 창밖 눈 내리는 거리만 훑고 있었다

수십 년이 흘러
낮은 현실에 묶여
이 거리에 살아가고 있다
무거운 몸이 계단을 오르며
세월이 발목에 감기는 것을 느낀다

불현듯 바람의 결에서
네 웃음이 채워지면 청춘의 언덕 위로 끌려간다
빈 계절은 늘 그렇게 찾아왔다
텅 빈 하늘을 가득 채우며
나의 고도는 끝내 너에게 맞닿지 못했지만
그 간격 속으로
혼자만의 긴 시간을 살아내고 있다

가지만 남아있는
바람 한 줄기
너의 이름을 흔들리며
빈 계절을 물들이고 있다

나사못

거실에서 20년 버틴 식탁 의자

작은 균열 삐걱이며 닿지 못한 기대
짧아진 네 다리 비켜선 모서리

좁은 공간에 밀수록 손끝은 욱신거리고
흩어진 조각 끝내 맞춰지지 않는다

금 간 틈 사이 햇살 한 줄
어긋난 모서리 위에 조용히 내려앉는다

잔향

나의 온기가 당신의 입술에 젖을 때
닫혀있던 문이 살며시 열립니다

당신이 얼음을 넣고 마구 흔들던 날들
술에 취해 길가에 내던져지던 밤도

깨진 입술 사이로 내 안의 검붉은 향이
천천히 흘러나옵니다

커피잔 너머 당신 입가에 번지는
작은 미소 답답하던 가슴이 환히 열립니다

습기 앞에서 나는 본능처럼 들이마십니다
내 향은 옅어지고 나는 희미해져 가겠지만

남은 건 당신 위에 맴도는
나의 잔향뿐

세월의 무게

낡은 가방에 내려앉은 무게
어깨는 이미 닳아 있었다

터져 나온 실밥은
헤어진 시간을 짊어지고 흔들릴 때마다
과거의 숨결이 스친다

여러 번 꿰맨 자국은
버려지지 못한 인연처럼
오래된 나무껍질 틈새에 떨어진 잎사귀 같다

삶을 덜어내지 못한 채
끝내 걷는 길 위에서

숨죽인 시간 속
가방은 천천히 흔들리고
균열로 스며드는
지나간 날들의 불빛

조용히 흘러가는 삶
몸과 마음도 바람결에 실려 견딜만해진다

창가를 스미는 발밑 그림자를 따라
어디로 갈지 모르는 길
나는 천천히 걸음을 옮긴다

들풀

물기 어린 논두렁
좁고 마른 틈새를 비집고 달빛 아래 고개 숙인다

오름이 되지 못한 하루의 흔적
뜨겁게 흔들려도 꺾이지 않는
나의 줄기는 더 단단해지고

햇볕조차 들지 않는 햇살 한 줄기에
발끝에 묵은 마음 몇 점
오래된 잔상이 다가온다

둑길 건너 개 짖는 소리 멀어질 때
가슴 한편 텅 빈 우물이 찰랑인다

낮은 곳에서 살아간다는 것은
싹을 틔우는 일이 아니라
모진 자리에서도 버텨내는 일임을

초저녁 들녘을 지나며 한숨 같은 별빛 하나
허공에 묻는다

개복치

돌 위에 앉은
달팽이 한 마리

비가 와도 햇살이 내려도
돌 위 그림자만 쫓는다

돌고래같이 몇 번이나 파도에 뒤집혀도
방어막인 줄 알았는데 껍데기뿐이었다

하얀 와이셔츠에 번지는 햇살 반짝이는 차창을 스치며
새로운 파도처럼 다가온다

낯선 하루도
젊은 시절 바람처럼 견디며

깨진 꿈속 달팽이 촉수로
빛을 더듬는다

안경

눈을 깔고 앉았다
세상의 다리가 부러졌다
환희가 스친다

시계추

이리 삐끗
저리 삐끗
마음 같은 시계추
갈대 같은 잎새바람
사그락 사그락
흔들리네

무화과

마음은 지척인데
길잃은 나그네요

당신의 붉은 넋이
꽃이란 말이던가

숨겨진 애달픈 가슴
필 수 없는 꽃이라

비둘기 집

엉클어진 수풀을 헤집고
입에 물고 있는 나뭇가지 쓰러져 가는 도심 콘크리트
담벼락에 쌓여가고 있다

집을 짊어지고 있는 무거운 중력은
밑으로 내려앉을 위험한 모습이지만
서로에게 뒤엉키어 지탱하고 있다

누가 보아도 기울어 쓰러질 것 같은 가시덤불은
서로에게 든든한 버팀목이었다

어둠이 교차 되는 전철 안 이른 새벽
세상에 뒤엉켜 쓰러질 듯 쓰러지지 않는
무언가 내 몸을 잡고 있다

언양성당

사제의 손끝에서 울리는 종소리
골목을 지나 오래된 시간 위로 기억처럼 헤집는다

색 바랜 양철 지붕 위
낡은 십자가에 내려앉은 기도 소리
균열진 마음속으로 스며들어
가느다랗게 흔들리며 뒤섞인다

느티나무는
바람이 지날 때마다
새들의 울음마저 오래된 무게를 견디며
지난날의 아픔을 흘려보낸다

하늘에 닿지 못한 종소리
성당 벽에 드리워져 어스름 속으로 사라진다

잊힌 사랑, 남은 사람
숨죽인 발자국에 스며
신의 경계 위
그 틈새로 스며든 누군가의 기도
아직도 들려오는 듯하다

소풍

설렘이 멈춘 하늘 아래
별빛 끝자락에서
암탉 울던 새벽

도마질 소리에
잠 못 드는 밤
옆구리 터진 김밥 곁눈질 건네던
어머니 눈길

신바람 난 들녘 위
'소풍'이라는 이름 짝사랑처럼 다가오네

소풍 가고 싶은 날
이 바람은 어디서 들려오는
노래였을까

대곡역에서

어제의 빗줄기가 발목을 끌어도
오늘이라는 좁은 다리 위에서
미래로 향한 낯선 방향만
다급한 종소리처럼 들려온다

도시는 거대한 해시계처럼
시침이 되어 회전하고
지하철은 초침이 되어 실어 나른다

하루를 전철 안에서 접어 넣는다
호흡은 정거장의 리듬에 맞춰지고
심장은 신호등의 색으로 박동한다

네온사인 불빛은 지나온 시간을 흡수하며
다가올 날들의 잔상을 반짝인다

환승역 어딘가에서 아직 오지 않은
나를 기다리는 듯하다

유리창 너머 건물들이 내 모습을 들여다본다
그때마다 하루의 무게가 멈출 수 없는 분침처럼 흔들린다

한 칸 밀린 톱니처럼 이탈한 시간 속에 존재하며
작은 사건에 낯선 이방인처럼 머문다

지나간 웃음과 다가올 울음이
서로 어깨를 스치며 잠시 교차하는 대곡역
머뭇거림은 놓아주지 않고 기다려주지도 않는다

하나의 심장이
두 방향을 동시에 두드리며
시간의 교차로 위에
나를 세운다

4부 귀로

진관사

천국을 품은 여인의 향 부드럽고 섬세한 포근함이
눈가에 번지는 웃음 유유히 계곡을 따라 흐른다
부처 닮은 석가의 탄생 목탁 소리만큼 수천 번
정으로 두드렸을 오백 년 전 그날의 번뇌
뇌리에 스며든다

여우 울음만 사는 처절함
이곳에서 무엇을 원했던 것일까
목탁이 되어 가슴을 정으로 파고든 배고픔과 애환이
이승에 한이 저승의 행복을 빌었던 것인가

여인보다 더 여인 같은 석가여래상
몇 날 며칠을 엄동설한에 목을 맨 두드림이었을까
진관사 길을 따라 바위를 오르고 있는
그날의 번민을 찾아 가슴을 열어본다

물이 흐르는 둔탁거림 정 소리처럼 다가오고
불상을 지고 있는 담벼락 지지대는 알고 있을 터인데
세월의 모진 모서리도 바람이 둥글게
석가상 웃음으로 깎아 놓았구나

윤회하였을 장인의 모습은
천년 넘게 고독한 삶을 살고 있는 느티나무에 집을 짓고
부처의 이야기를 다듬는 불경 소리 해를 잡고 있구나

할미꽃

눈물이 꽉 차 있습니다
툭 건드려도 넘실거립니다

별로 지칠 일도 없는데 치마 두른 뒷모습만 보아도
교차 되는 할미꽃은 어찌하나요

두 딸이 못내 홀로 필 수 없는 꽃이라 생각했나 봅니다
어머닌 무거운 머리 보도블록에 반쯤 허리 굽어
살짝 대문 앞 자줏빛 고개 내밀어 딸을 바라보는
흰털에 하얀 머리는 기억을 잘 못합니다

뚜렷하게 지키려고만
보도블록 몸을 비집고 일어서려 합니다 할미꽃이
어울림도 맛난 음식도 무거운 가방에
딸이 좋아하는 과일만 가득 담아
절룩거린 세월을 걷고 있습니다

운명인 듯
지친 생명 몰아쉬며
붉은 장미꽃으로 품었나 봅니다

아카시아 꽃눈

마음은 꽃눈 같아서
바람 부는 날이면 몸부림칩니다

한순간을 위해 참아온 그리움이
바람 앞에 맥없이 무너지는 날이면
그 임의 얼굴도 닮아 보입니다

비 오는 날 작은 상처에 온몸을 털털 털어내고
다시 가을 그리고 겨울을 견뎌야 하는
인내가 찾아옵니다

그 임도 꽃피우는 날이면
바람을 등에 업고 홀연히 나타나
가슴을 열어보려 합니다

마른 가지에 새싹이 밖으로 또렷이 나오면
바람에 스치는 임이 꽃처럼 내 안에서
꽃눈을 피우려 합니다

쌍계사 화등

어둠이 내려앉아
호롱불 들고 찾아오는 별무리 축제 하늘을 덮고
산등선 맞닿은 오렌지빛 반딧불이
선녀가 드나드는 산골마을 오두막 샘물터

섬진강 굽어 흐르는 여울목 바위틈 사이
솜방망이 같은 호랑버들 필 때쯤
먼 여행 갔다 집 찾아 돌아온 은어
화살촉 물안경 은어잡이 신바람 막걸리에 초고추장
입안 가득 섬강 돌고

쌍계사 다리 앞 약방 처녀 청아한 목소리
메아리가 되어 지리산 따라 흐른다

덜컹거리는 마을버스 마지막 손님 내릴 때
쌍계사 화등 안내하고

섬진강 재첩국 뒤집힌 속 다듬고 모래알 강바닥 벚굴
벚꽃 화사한 오후 상춘객을 맞는다

아담과 이브

현실에 풀지 못한 욕망을
예쁜 병에 담아 우주로 여행을 떠났다

우주에 드넓은 평판 위 여행지 목록이 정해졌다
태고의 탄생과 죽음
수, 금, 지, 화, 목, 토, 천, 해, 명

작은 키 무거운 몸
비너스 같은 아름다움
아담과 이브의 보금자리
달 착륙 같은 암스트롱 기적
레코드판 위 타이탄

내 차례가 왔다
과거의 신비 동굴 탐사 캄캄한 칠흑의 어둠
블랙홀 같은 웜홀 여행을 선택했다

아담과 이브 병에 담긴 선물 보고
깜짝 놀라더라

황조가

참나무
우산처럼 축 늘어 벌어진
여린 잎 산들바람 출렁이고

아침 동해 빨갛게 물든 햇살
저녁 석양 벗 삼아 연초록 잎 하루 세 번
갈아입는다

송홧가루 덧칠한 검은 눈썹 줄무늬
붉은 입술에 노란 점 찍고 암수 사이좋게 노니는
황조 그리운 임 부럽다

푸른 껍질 벗겨
송화대 껌처럼 씹었던 진노랑 추억
가지 뻗은 수양벚나무 사이
보일 듯 말 듯 사라진다

삶의 의미

우리는
도덕 같은 진실에 죽었다
사실 같은 거짓

거짓 같은 사실에
존재감도 함께 죽었다
진실은 우주에 버리고

감춰진 진실
신만이 알고 있는 말 못 할 사연
몸이 먼저 반응한다

마음 한구석 자리 잡은
담쟁이넝쿨 밤새 기어올라
생각을 가려버린다

삶의 의미를 찾을 수 없다

코발트블루색 희망은
회색 같은 현실에 갇혀
몸까지 감아버린다

금강의 노을

해 질 무렵 황금빛을 품은 금강
엄마 가슴 안긴 듯 출렁이는 물결 잔잔한 숨소리
석양의 그림자를 태우고 바다로 여행을 떠난다

껍질 속 몸을 숨긴 고둥 굵은 곡절의 고둥잡이
인어 같은 검은 비닐 배꼽장화 신고
강물 속 고둥을 올린다

통나무집 지붕 위 반쯤 걸터앉은 해
들녘 아낙 밭갈이 재촉하는데
금강이 흐르는 언덕

민물매운탕집 구수한 충청도 사투리에
뚝배기 고둥 된장 한 그릇 웃음을 담아내고

해 질 녘 붉은색 노을
백로가 길을 안내한다

에티오피아 커피

예가체프의 귀부인이
재스민과 레몬을 품고
대서양을 건너왔다

검은 피부 흰 얼굴에 가려진
날카로운 비명 척박한 땅의
강인함이 묻어난다

푸른빛에 둥근 몸매
톡 쏘는 과일 향의 세련미
향긋한 다크초콜릿의 부드러움

태양 아래 몸부림치는 뜨거운 반항은
순응을 택한 몸

검게 그을린 주름진 세월 은은한 꽃 향을 실어
에티오피아 대지를 노래한다

생강나무꽃

이른 봄 민둥산
산수유 닮은 생강나무꽃
밤꽃향 꿀 섞어 박새 무리 유혹하고

넘실넘실 봄바람 날개 춤
꽃망울 속 노오란 눈썹 눈웃음 화답한다

올빼미 눈처럼 휘둥그레한 박새 눈
아방궁 같은 꽃방 호기심 가득

집게 부리
속눈썹 한 올 한 올 뽑아
깃털에 분칠하고

들녘 봄바람에
노란 꽃실 수놓아 지나가는 박새
짝 찾아 매운 향 실어 보낸다

고물상

시간을 지배했던 마법처럼 사라진 잔상들
어둠별 황학동 뒷골목 공간 이탈로
자유로움이 되었다

한때 몸단장 멋 고급스러운 자존감
묵직한 강건함은 거친 손때 자신감을 잃고
새 주인을 찾는다

희망에서 오는 절망 생을 넘나드는 현실
몇 번쯤 바뀌었을까 편견 없는 버려진 사실에
고물상 무게만 더하고

그늘에 가려 찾는 이 찾을 일도 없는 무심한 기다림
또 다른 시공간 이탈을 기다리며 황학동 뒷골목 고물상은
영혼을 찾아 우주로 떠난다

보름달

그대여 보름달이었네요
귤 같아 탐스러워 반쪽을 먹어버렸어요
그대 생각을 못 했군요 보름이라 하여

그대여 먹은 얼굴이 둥글어 예뻤지요
요즘 보고 싶어 베어 먹은 반쪽이
초승달이 되었구려 미안하오

그대여 보름달처럼 신비해서
만질 수 없는 먼 우주에서
홀로 반짝이는 이유가 뭐요
구름 낀 날 자주 잊을까 걱정입니다

그대여 감나무 밑 보름달같이
가까운 곳에서 친구 하고 싶소
멀리서 꽃을 피우면 바라만 봐야 하잖소
그리하지 마시오

그대여 보름달에 상처가 되었다면
사과하고 싶소 불을 밝혀주시오
보름까지 기다리지 못하겠소

중앙선

숲 사이 어둠이 깊어 끝이 없어 보이는 검은 길
노란 선은 건널 수 없는 마음 밖에서
시간 내 도착해야 하는 초조함에 이끌려 가고

중앙선을 넘나드는 날짐승은 바큇자국에 짓눌려
핏기 없는 붉은 흔적만 가슴에
붉은 글씨로 남았습니다

끝이 보이지 않는 중앙선 너머 스치는 눈빛만
길 따라 저물어 갑니다 서로 다른 방향 반쪽의 평행선을
가깝고 먼 길 찾아갑니다

꿈을 꾸고 있습니다

살아있다는 것은
당신을 만나기 전까지 두려움인지 희망인지
몰랐습니다

삶의 언저리에
그늘처럼 축 늘어진 상태로 살아간다는 것은
누군가 필요한 것이요

내일이라는 걱정이 사라져
기다림만 있다면 불가능한 생각도
저만치 밀어 버릴 수도 있지만

살아온 만큼 가야 할 길이
길이라 보이지 않는 마치 세월 앞에 선 노인처럼
주름져 그늘진 생각만 몰려오는 밤이면

창문 틈 사이 영혼을 깨우는
당신을 만나기 위한 당신의
꿈을 꾸고 있습니다

가을여인

갈댓잎 속삭이는 살랑살랑
하얀 속살이

해 질 녘 꽃물 머금은
농익은 여인이었네

그대가 있는지
가을 들녘에 서보았네

뿌옇게 서린
치맛바람만 추위에 머물다 갑디다

마음은 당신입니다

허물을 덮어주는
이가 나인가 아닙니다
당신인가 봅니다

당신 있어 꿈이 생겼고
당신 옆에서 삶의 키를
재보았습니다

작아 보잘것없고
상처에 쓰러지는 나약한 모습이지만
당신이 있어 용기를 냅니다

당신을 만나기 전까지 욕심이라는 꿈이 자랐고
키는 느티나무처럼 다섯 칸 올려볼 수 없는 높이에
두꺼움만 있었습니다

넓은 정원에 온갖 과일이
울타리처럼 두른 새와 짐승의
낙원인 듯한 낙원의 정원을

어느 날 당신은 말없이

다가와 3년만 더 건강하게 살았으면 한 바람이
이제 내 꿈이 되었습니다

봄바람 향이

그립다 그립다 하니 정말 그립구나
보고 싶다 보고 싶다 하니 꼭꼭 숨어버린
그리움이 그리워지는 봄인 것을

추위가 풀릴 입춘도 지나고
꽃샘이 시샘이라도 하듯
매섭게 다가옵니다

아니다 아니다 하여도
여운에 남아있는 그리움이 바람에 날려
봄바람 불 때면

기다려지는 그리움만
미워서 못내 눈물이 납니다
그래도 봄인 것을

모래성

어떻게 생각하느냐에
결정되는 진실의 문
착시 현상일까

인간의 관계는
안개 속 길을 걷는 듯
뿌옇게 쏟아만 낸다

모래알보다 작은 생명체에 우주의 선물은 무엇일까
태어났으니 그냥 살아가라는 단순한
의미이지 않을까

사는 동안 잘 먹고 잘살았으면 하는 본질만 있을 뿐
모래성 같은 집을 짓고 있지나 않을까
그래도 기다려집니다

동백꽃

날씨가 너무 추워
모처럼 빈 공간에 나를 가두고
내 생각을 들여다봅니다

불안했고 불가능했던
그리고 운이 좋아 살아온
시간을 되돌려 보며

허전함이 외로움으로 자리를 메운 삶도
한파 속 추위에 잠들어 있습니다

하루가 지나면 같은 하루가 설렘으로 다가올지
무뚝뚝한 나그네처럼 스쳐 지날지
그리움보다 희망이 찾아오는 손님이었으면 합니다

절망하는 사람들보다 행복한 사람들만 보이는
삶의 방향을 잃은 시간을 훔치며
두근거리는 가슴만 안아봅니다

한겨울에도 서로의 빈 곳은 온기로
가득 메워 흰 눈 위에 동백꽃처럼
환하게 피우고 싶습니다

보고 싶네그려

오늘은 비가 오려나
올 사람은 안 오고 자꾸 문 앞에서 서성입니다

이럴 때 미운 놈이라도 오면 반갑게 맞아주겠지만
서성이는 외로움만 먼발치에서 나를 보고만 있습니다

봄이라 하여 묵은 난 잎에 물도 주고 마음도 주지만
말 못 할 생물이라 애처롭기만 합니다

그래도 보란 듯 새싹이 올라와
싱그러운 기운을 주려고 애쓰는 맘 모르지는 않겠지만
난 생물이라 생물이 몸에 붙어
아쉬운 하늘만 바라봅니다

오늘은 비가 오려나
마음이 젖어 옵니다그려

5부 고향

집이 집을 지키고 있다

삼천포 바닷가에 바람이 우는
바람 귀신이 살고 있다

순이는 초등학교 졸업하자마자 미싱 공장에 보내졌다
엄마를 위해 더 많이 벌어야 한다며
야근 후 어두운 도로변에서 죽었다는 흉한 이야기와
오빠로 인해 두 번 죽었다는 엄마의 소문까지

찬바람이 돌면 더 짙은 선홍색 기침을 한다
마을에서 전염병이라 수군거리고 늘 혼자였던 엄마는
여자가 입이 닫히면 죽는다고 입버릇처럼 말하던
아버지 놀음에 귀신처럼 사라졌다

빚으로 저당 잡힌 집은 내가 나가야만 살 수 있다며
이해하지 못할 말만 남기고 떠나버렸다
사랑으로만 공부하던 오빠도
서울로 대학 간 후 집에 오지 않았다

누렇게 변한 벽지와 먹다 만 검푸른 곰팡이
찢긴 지붕의 흔적이 곳곳에 흐느끼는 바람 소리
그녀의 울음소리가 들린다

집 나간 바람 귀신이 기다리고 있다는
집이 집을 지키고 있다

찾아오지 않는 이유가 있다

집 앞마당에 비둘기가
거의 매일 오는 아이와 덩달아 오는 아이들
얼떨결에 따라오는 아이까지 넉넉한 어머니 인심에
눈치가 빠른 녀석들 속일 수 없다 그녀가 아픈 사실
벌써 온 동네에 소문이 파다하다

엄마가 없으면 혼자 못 산다는 언니와
엄마가 있어 평생 시집가지 않겠다던 동생과
엄마를 모시며 평생 살겠다던 큰 오빠
2남 3녀 형제자매들 어머니가 아파도
각자의 이유로 그렁그렁하다

고향에 가면 쌈짓돈과 홍시라도 꼭꼭 묶어 싸주셨는데
병원 간 이후로 집이며 땅이며 처분만이
어머니를 편히 모실 수 있는 방법이라며,
아버지가 자식을 기른 땅이라 그냥 살면 안 되겠냐,
극구 만류했던 어머니

집에 먼저 와 있는 비둘기들
어머니 퇴원을 알아차린 듯
종종걸음 재촉하며 찾아다닌다

농사 밥 먹이지 않겠다는 자식의 강한 사랑보다
더 깊은 그리움이다

5월 어느 어버이날 가족이 함께 구워 먹던 햇감자가
아버지 땅에서 올해도 무럭무럭 자라고 있다
그들이 올 수 없는 곳에서
비둘기와 바람만 걸어 다닌다

고향 강원도

어머니는 글을 모른다

어머니의 포장마차는
주문하는 사람과 주문서가 같은 정거장이다

부산 소주나 서울 막걸리, 춘천 닭갈비나 강원도 닭발, 천안 족발이나 여수 먹장어… 도시 명으로 주문해야 한다 '강원도 하나에 부산 둘'처럼 글을 모르는 어머니의 맞춤형 주문 방법이다

어머니는 캄캄한 뱃속까지
도시별로 기억하는 재주가 있다

퇴근 무렵 포장마차에 찾아오는 사람들 소주잔에 어머니 추억이 출렁이기도 하고 하루의 땀을 해독하지 못한 하얗게 소금 낀 이마를 막걸리에 그리움이 쉬어 가는 곳
　어머니처럼 헐렁헐렁 해진 주머니만큼 정신 뚫린 사람들 인생의 샘을 해보지도 못하고 빚더미에 물살을 거슬러 어딘가 오르려 하는 송사리같이 발버둥 치는 사람들에게 시원함이 있는 곳

어머니의 음식에는 사무치게 가보고 싶은 곳
 어떤 도시로 떠날지는 모르지만 낡은 냄비에 닭발이 붉게 끓어오르면 어머니 고향이 부르는 소리 같기도 하고 두 발로 가보지 못한 그녀가 그리워하는
 어머니 고향 강원도

붓꽃

제주에 가면 귀신도 비껴간다는 할머니를 만날 수 있다
하얀 고깔에 솜털 같은 깃털로 대지를 가르며
꺾어진 목덜미 구부러진 듯 가녀린 허리
주먹만 한 흰머리를 흔들며
붓대의 힘을 모아 푸른 하늘에
바다의 꽃을 피운다는

하얀 고깔모자를 쓰고 새털 같은 깃으로
바위에 돌에 들녘에 수를 놓는다

마치 세필의 힘은
안에서 위로 아래에서 밖으로 밖에서 세찬 힘으로
계곡을 휘감는 듯

붓은 무사의 칼날 같고
유쾌하면서 때론 망측하고 바람이 춤을 추는 듯
울퉁불퉁 추하게 생긴 도깨비에 붓꽃이 피었다

낯선 침입자

편지함에 반갑지 않은 손님이 왔다
침대, 화장대, 식탁, 바지 주머니까지 틈만 있으면
어디든 파고드는 연체동물 같은,
고양이 발톱에 찢긴 낯선 침입자
선홍색 피를 흘리며 주방에 넘어져 있다

고양이 눈을 속일 수 없다
매서운 발톱 힘을 다하여 조여가는 고양이, 침입자는
반항할 틈도 없이 휑한 대문 틈 사이 거친 문바람에
몸을 던져 줄행랑이다

찢어진 공과금 독촉장 고양이 얼굴에 비벼대는 어머니
허공만 바라보는 고양이 못내 끝내지 못한 아쉬움에
가녀린 울음소리 창문에 헛발질만 날아든다

저녁을 기다리는 조용한 쉼터에
편지함에 낯선 손님들이 찾아든다

아버지와 바다

대나무 숲이 울면 아버지는 돌아오신다
저녁노을에 물든 이파리
출렁이는 바람에 울어대기 시작한다
붉은 황토색 입은 뱃고동 갈매기 배고픈 시간이다

바다로 나간 지 사흘 만에
모처럼 외줄 타는 갈매기들 춤사위 벌어지고
봄 물살에 통통하게 물오른 밴댕이,
입으로 급하게 밀어 넣고
저녁노을 어깨 넘어 쏜살같이 사라진다

만선에 몇백 마리 불룩해진 통통배는 걸음걸이가 늦다
해변에 먼저 철썩거리는 급한 놈들 모래사장에
하얀 거품 쏟아낸다

아버지와 함께 노을을 먹고 자란 대나무숲
바다에 나간 사흘 동안 울었다
절벽 아래 깎아지른 바위 등대지기 뱃길 잃을까
만선의 꿈을 안고 바다로 나간 날
해풍은 대나무 숲에서 유난히 울었다
뱃고동 갈매기들 걸음을 멈춘다

길 잃은 파도만 하얗게 거품을 쏟아낸다

공생

　공생은 서로의 필연이다

　보라색을 입은 광릉요강꽃은 추위에 치명적인 벌에게 꽃방을 내어준다 방 안 곳곳에서 밤새 생식기에 뒤엉킨 파티는 번식을 위한 본능의 유혹이다 몸에 엉겨 붙은 꽃가루를 먼 들녘에 실어 나르는 하룻밤 숙박의 대가인 것이다

　시베리아에서 산양의 뿔은 멋지거나 강하게 보일 필요 없다 본능 앞에 늠름한 모습일 뿐, 눈 덮인 바위나 숲을 남들보다 더 빨리 헤쳐 혹독한 땅에서 얻을 수 없는 소금을 받는 대가가 그들의 노동이다

　아버지의 날일은 공생하지 않는다
　점점 줄어드는 일자리에 도시로 내몰린 노동자들 공생할 수 없다는 현실에 스스로 도려낸 상처를 안고 가파른 계단을 수백 번 오르내리며 하루살이처럼 살아간다 넓적한 구두에 헤어진 구멍 바삐 뛰었던 발바닥의 군살은 날일이라는 이름으로 새겨졌다

　아버지는 공생으로 진화하지 못했다

두더지

365일 두더지처럼 살자

메마른 땅에 수백 번 부수고 수천 번 할퀴어
앞발로 필요 없는 흙을 긁어 세상 밖으로 밀쳐내자
장마에 혹독한 겨울을 살아본 경험이 있다면
보이지 않아도 꿈틀거리는 비밀을
어둠에서 찾았을 것이다

내일은 빛과 어둠이 있는 의문의 공간
어두컴컴한 곳에서 더듬이를 곤두세워
지상에서 움직이는 모든 소리를 귀담아 두자
감각만으로 위험을 감지할 수 있도록
두더지처럼 발바닥이 옆을 보고 있어
오늘을 제대로 걷지 못해도 새로운 364일 남아 있는

내일의 기다림이 있다

콜로세움*

마음이 절단된 상처에 피를 흘리는 고통을 아는가

바람도 드잡이질하는 천막촌에 콜로세움 원형경기장
들어서면 아침마다 평평해진다
욕심 없는 일상 운 좋은 날만 기다리며 살아가는
나의 하루는 위험하다 서 있거나
누워있는 모든 것 땅 아래 잠들 시간이다
집채만 한 높이도 한입에 씹어 삼키는
날카로운 포클레인 굉음에
두 눈이 가려지고 투구를 쓴다

평평해지는 원형경기장에서 매일 검투 중이다
둘 중 하나는 짐승의 먹이가 되어야 한다
빈 깡통을 핥고 있는 집 잃은 고양이
살기 어린 눈을 보아야 했다

떠날 곳도 없는 떠나야 하는 뒤틀린 삶터에
어머니 아침은 쓰러졌다
살아 있는 모든 생물은 밤에 평평해지는 꿈을 꾼다
재개발에 대립하는 원형경기장에서 한바탕 싸움 중이다

떠나지 못한 기억을 스스로 도려내는 선택했다
원형경기장에 환한 불빛이 어머니 상처를 비추고 있다
나는 콜로세움에서 아직도 검투 중이다

*콜로세움: 네로 황제가 빈민가를 불태워 지은 경기장

들개

이 아이에게는 양보는 없다
낯선 이에게 하얗게 드러난 송곳니
풍요롭게 길들었을 곳곳에 돌아올 수 없는
덫에 감춰진 두려움이다

한두 마리 순한 놈들이 모여 무리를 만들었다
살아있는 것은 모조리 죽이는 칼날 같은 눈
원한이 아니다 울부짖는 것도
고개를 꼿꼿이 세워 반항하는 것도 본능의 이면에는
그들과 함께 살고 싶은 평범한 일상이었을 뿐

위험을 넘나드는 경계선 지금만 있어야 한다
좁은 땅에서 버틸 수 있는 먹이를 주자
함께 살 수 있는 주인이 되는 학습을 해야 한다
오늘을 입에 넣어서라도
기다려야 한다

된장

궁핍은 더더욱 내성이 생기지 않는다
햇볕이 들지 않는 곳 밤새 자고 나면
입 주변에 곰팡이가 피고 냄새가 타고 오른다
뚜껑을 열고 세상 밖으로 가끔은 나가야 한다

작은 변화만으로 달라지지 않는다
몇십 년 숙성할 맛이라면 실패를 무릅써서라도
삶의 재료를 바꾸어야 한다
벌레가 들어가지 않게 망이라 덮어주어야 한다

지금이라도 유리 뚜껑을 덮어
비릿하게 살아온 인생을
건조한 숙성에서 변화를 주어야 한다
짧은 시간에 막힌 삶이 뻥 뚫린 시원한 맛은 없다

아주 천천히 오랫동안 진행된 관습
근본적인 태도가 바뀌지 않는 한
누룩곰팡이가 꽃을 피울 일은 없을 것이다

백로의 기로

논과 밭이 탁 트인 냇가 낀 고향집 옆
논두렁 날짐승 넘나들고 뱀딸기 풍요한 햇살
농부 발길 따라 선 그어 논두렁 긴 부리 백로가
헤집고 다닌다

무덤가 소나무 군집 서너 그루 서서히
백로 오물에 죽어가고 주인 잃은 잔디 사라져
날짐승이 터를 잡는다

녹색 빛 유혹하는 파릇한 양파의 새싹
신도시 대신하고 인간은 괴물이 되었다

소나무 같은 무덤가
쉼터가 사라진 백로 이동도 없이
눈빛 떨군 채 쪼그려 앉아
지친 울음소리 개울물 사이 집 잃어
도시 뿌연 흙먼지 덮은
백조의 도도함은 사라졌다

맑은 물 송사리 퍼덕이는 은빛 춤
긴 부리 늘려 꽂고 물 위 날갯짓 씻어낼 하루

고향 냇가 한두 해 가기 전
백로의 쉼터 만들어 주고 싶다

발문

붙잡히지 않는 생의 접착면

이영철
(소설가·한국소설가협회 부이사장 역임)

발문

붙잡히지 않는 생의 접착면

조홍래의 『딱풀』을 읽고

이영철
(소설가·한국소설가협회 부이사장 역임)

조홍래의 시는 삶의 '붙음'을 말하지만, 그것은 단순한 결합이 아니라 상처를 봉합하는 사랑의 의식이다. 표제작 「딱풀」에서 그는 "붙는다는 건 누가 누구를 품는지가 아니라 / 서로의 상처를 흔적 없이 봉합하는 일이다"라고 쓴다. 이 한 구절은 시집 전체를 관통하는 존재의 윤리를 요약한다. 시인은 '붙는다'는 행위를 통해 부서지고 흩어진 세계를 다시 이어 붙인다. 그것은 회복의 언어이며, 살아남기 위한 연대의 형식이다.

그의 시편에는 '상처'와 '치유', '기억'과 '그리움'이 교차한다. 「우편함」에서는 "먼지만 차곡차곡 쌓이고 바스락거리는 전단지들 / 읽히지 못한 마음처럼 무게를 잃고 흩어진다"고 쓰며, 부재의 시간을 견디는 인간의 마음을 조용히 응시한다. 흩어진 마음의 잔해 속에서도 시인은 늘

'붙음'을 찾아간다.「끝나지 않은 설레임」에서 "흔들리는 전철 안 / 파도에 잠긴 노을처럼 잊고 지난 가슴 언저리 / 분꽃 한 송이 번져 오른다"는 구절은, 일상의 흔들림 속에서도 다시 피어나는 생의 불씨를 포착한다.

조홍래의 시는 체온의 언어다.
그는 감각의 세목을 통해 관계의 부서진 면들을 포용한다.「마카롱」에서 "달콤함이 다 녹아 없어진다면 / 나의 하루도 그대 빈칸으로 진열되겠지"라며, 부재의 쓸쓸함조차 감싸 안는 온도를 남긴다. 그 온기는「말간 햇살」에서 "소리 없이 깊게 오래도록 머물고 싶은 은은한 빛 / 아직 열리지 않은 그대라는 햇살"로 확장된다. 빛과 온기의 이미지가 그의 시에서 자주 반복되는 이유는, 삶의 어둠을 견디는 힘이 결국 미세한 온도에 있음을 알고 있기 때문이다.

그의 시학은 '붙음'에서 '그리움'으로, '그리움'에서 '삶의 의미'로 이동한다. 2부의「저릿한 그리움을 입는다」는 그 연속의 정점에 있다. "당신이 입던 셔츠를 꺼내본다 / 헐렁한 팔 안에 지워지지 않은 온기가 남아있고 / 나는 그 안에서 살이 저릿한 그리움을 입는다." 여기서 그리움은 단순한 회상이나 상실의 감정이 아니라, 존재를 구성하는 감각의 형태이다.

조홍래에게 시는 '기억을 다시 입는 일', 곧 과거의 체온을 현재에 봉합하는 실천이다.

이 시집의 3부와 4부로 갈수록 시적 시선은 개인의 내면에서 자연과 존재의 근원으로 확장된다. 「낮은 곳의 별」에서는 "낮은 곳에 산다는 건 싹 틔우는 일이 아니라 / 견뎌내는 일임을"이라 말하며, 삶을 초월의 대상이 아닌 '버텨냄의 윤리'로 재규정한다. 「진관사」나 「쌍계사 화등」 등 불교적 심상들이 등장하는 시편들에서도 시인은 초월보다는 현실의 고요를 붙잡는다. 그에게 깨달음은 먼 이상이 아니라 "목탁이 되어 가슴을 정으로 파고든 배고품과 애환"처럼, 삶의 결 속에서 피어나는 필연의 울림이다.

5부로 이어지며 시인은 존재의 뿌리, 즉 '고향'으로 돌아간다.

「집이 집을 지키고 있다」에서 "누렇게 변한 벽지와 먹다 만 검푸른 곰팡이 / 찢긴 지붕의 흔적이 곳곳에 흐느끼는 바람 소리"는, 기억의 공간이자 세월의 주름으로 남은 집의 초상이다. 그러나 그 집은 단순한 과거가 아니라, "집이 집을 지키고 있다"는 문장처럼 생의 근원을 지탱하는 정신적 기둥으로 존재한다. 조홍래의 '고향'은 그리움의 장소이자, 모든 상처를 수용하는 포용의 장소다.

시인은 존재의 경계에서 끊임없이 자신을 시험한다.

「갈무리」에서 "끝은 도착이 아니다 / 존재가 부재와 맞닿으며 / 스스로의 경계를 시험해야 한다"고 말하듯, 그의 시는 완결을 거부하고 '미완의 상태'를 긍정한다. 불안과 공허를 견디며 스스로를 붙잡는 언어, 그것이 바로 『딱풀』의 시적 태도다. "멈춤 한가운데서 / 끝이 아니라 새로운 틈새를 본다"는 그의 고백처럼, 조홍래의 시는 멈춤과 붙음 사이에서 새로운 가능성을 본다.

  이 시집은 삶의 균열을 외면하지 않는다.
  오히려 그 균열 위에 시를 붙인다. 그것은 언어의 공예이자 마음의 윤리다. "붙는다는 건 서로의 상처를 흔적 없이 봉합하는 일"이라는 시인의 고백은, 우리 시대의 단절과 고립을 넘어서는 은유이기도 하다.
  『딱풀』은 결국 "찢기기 전 모습으로 우리는 되살아났다"는 선언으로 귀결된다. 상처와 기억, 부재와 기다림을 통과한 끝에, 시인은 우리에게 조용히 묻는다 ― 우리는 지금 무엇과, 누구와 붙어 있는가.

  이 시집은 그 질문을 던지며, 동시에 답을 제시한다.
  인간이 인간에게 남길 수 있는 가장 단단한 흔적은, 완벽한 이해가 아니라 서로의 상처를 덮어주는 온기라는 사실을. 조홍래의 시는 그 온기의 이름으로 우리를 다시 '붙인다'.

  조홍래 시인은 무언가 알 수 없는 '답'을 지닌 시인이다.
  그런 의미로 조 시인을 눈여겨볼, 다음 작품을 기대할 만한 시인이기도 하다. 차기작이 기다려지는 이유다.

딱풀

조홍래 지음

발행처	도서출판 **청어**
발행인	이영철
영업	이동호
홍보	천성래
기획	육재섭
편집	이설빈
디자인	이수빈 ǀ 구유림
인쇄	정우인쇄

등록   1999년 5월 3일
(제321-3210002510019990000063호)

1판 1쇄 발행   2025년 11월 10일

주소   서울특별시 서초구 남부순환로 364길 8-15 동일빌딩 2층
대표전화   02-586-0477
팩시밀리   0303-0942-0478
홈페이지   www.chungeobook.com
E-mail   ppi20@hanmail.net

ISBN   979-11-6855-399-6(03810)

본 시집의 구성 및 맞춤법, 띄어쓰기는 작가의 의도에 따랐습니다.
이 책의 저작권은 저자와 도서출판 청어에 있습니다.
무단 전재 및 복제를 금합니다.